BLEXBOLEX, GEB. 1966 ALS BERNARD GRANGER, STUDIERTE AN DER KUNSTHOCHSCHULE VON ANGOULEME. DER AUTOR UND ILLUSTRATOR ZÄHLT IN SEINER HEIMAT FRANKREICH ZU DEN ERFOLGREICHSTEN AUFSTREBENDEN ZEICHNERN. ER LEBT SEIT KURZEM IN BERLIN.

2. AUFLAGE 2009

DIE FRANZÖSISCHSPRACHIGE ERSTAUSGABE IST 2008
UNTER DEM TITEL "L'IMAGIER DES GENS" ERSCHIENEN
COPYRIGHT © 2008 ALBIN MICHEL JEUNESSE, PARIS
FÜR DIE DEUTSCHE AUSGABE:
© 2008 VERLAGSHAUS JACOBY & STUART, BERLIN
ALLE RECHTE VORBEHALTEN
SATZ UND COVER: TYPOCEPTA, KÖLN
PRINTED IN CHINA
WWW.JACOBYSTUART.DE
ISBN 978-3-941087-02-6

LEUTE
BLEXBOLEX

JACOBY◊STUART

LEUTE

EIN HERR

EINE DAME

EIN JUNGGESELLE

EINE MAMA

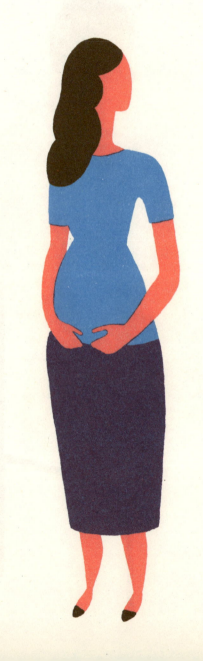

EIN BABY

EINE FAMILIE

EIN TOTER

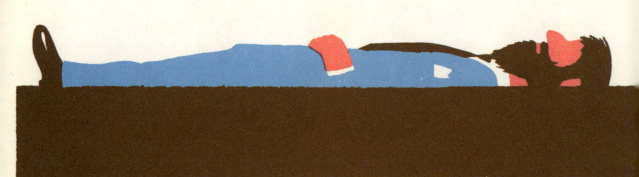

EINE GROSSMUTTER

EIN WAISENKIND

ZWILLINGE

EIN FREUND

STREITHÄHNE

EIN SCHLAFENDER

EIN KRANKER

SCHÜLER

EINE LEHRERIN

EIN MÄDCHEN

EIN WITZBOLD

EIN ERFINDER

EIN FRIERENDER

EIN RAUCHER

EIN ASTRONOM

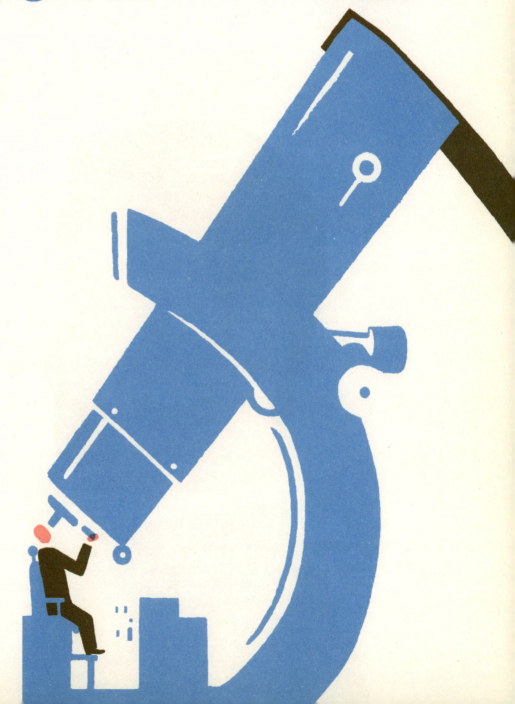

EIN

SCHNURRBARTTRÄGER

EIN VOLLBÄRTIGER

EINE KUNDIN

EINE JUGENDLICHE

EIN NEUGIERIGER

EIN SPION

EIN WAGHALSIGER

EIN BLINDER

EIN ZERSTREUTER

EIN POLIZIST

EIN DIEB

EINE HOSTESS

EINE HOTELDIEBIN

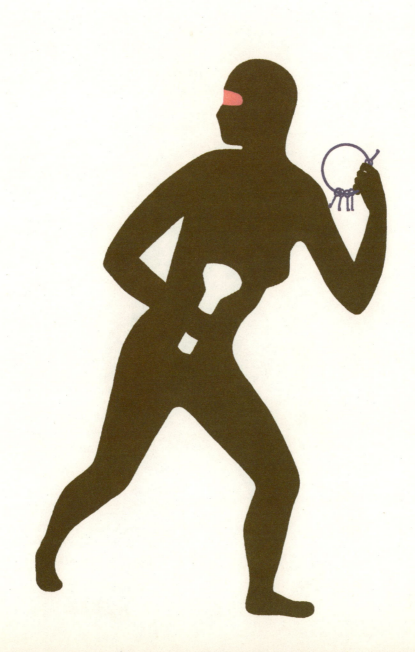

EIN GESCHÄFTSMANN

EIN MAURER

EIN ABBRUCHARBEITER

EIN MÖNCH

EIN RABBINER

EINE SOLISTIN

EINE ZUHÖRERIN

EIN REDNER

EIN SCHLANGEN-BESCHWÖRER

EIN DIKTATOR

EIN ZUSCHAUER

EIN REGISSEUR

EIN CLOWN

EIN ZAUBER-KÜNSTLER

EINE
SPIELPUPPE

EINE
FILMHELDIN

EINE TÄNZERIN

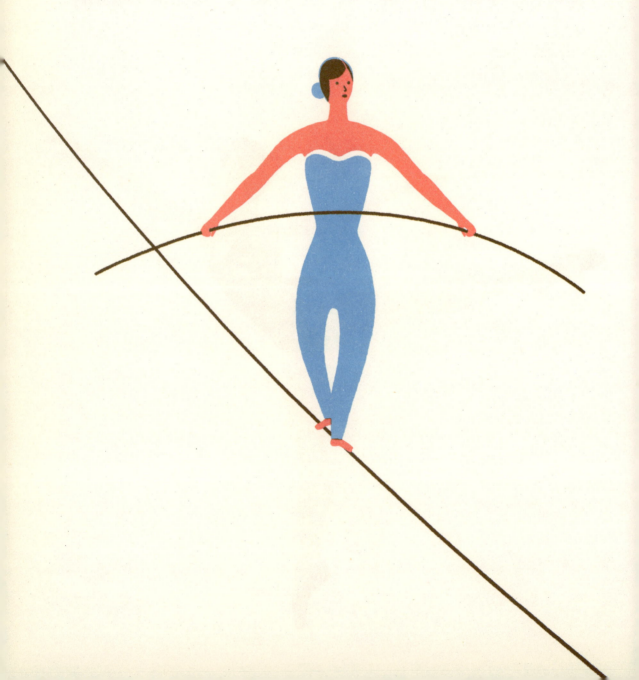

EIN BOXER

EIN CHAMPION

EIN STRASSEN~~JUNGE~~ Penerr

EIN JONGLEUR

EINE UNGESCHICKTE

EIN KLEMPNER

EIN DOMPTEUR

EINE ZIGEUNERIN

EIN EXZENTRIKER

EINE SAGENGESTALT

EIN NUDIST

EIN BUCKLIGER

EINE
SCHÖNHEIT

EIN EINARMIGER

EIN SANDWICHMANN

EIN TÄTOWIERTER

EIN ANSTREICHER

EIN SPRAYER

EIN MALER

EIN WERBETEXTER

EIN

MOTORRADFAHRER

GÄSTE

TÄNZER

KRIEGER

EINE ÄRZTIN

EIN SCHMIED

EIN EINSIEDLER

WETTENDE

EIN JOCKEY

EIN LEIBWÄCHTER

EIN TOP-MODEL

...

EIN WEIHNACHTS-MANN

EIN HOLZFÄLLER

EIN SCHARFRICHTER

EIN FEUERWEHR-MANN

EIN SCHLAF-WANDLER

EINE RADFAHRERIN

EIN BALLONFAHRER

EINE AUTOFAHRERIN

EIN TRAMPER

EIN KANUFAHRER

EIN AUSSER-IRDISCHER

EINE MYTHENGESTALT

EIN HAFENARBEITER

EIN OBDACHLOSER

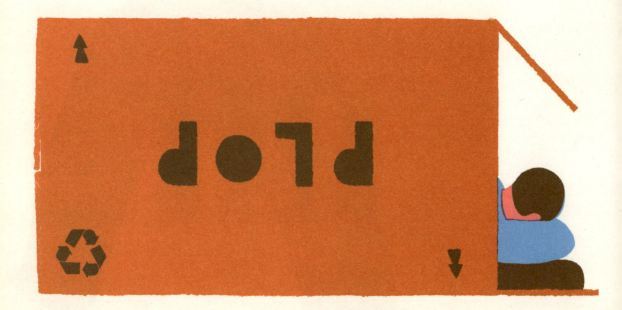

EINE CAMPERIN

EIN OBSTPFLÜCKER

EINE GEMÜSE-HÄNDLERIN

EIN BAUER

EIN HIRTENJUNGE

EIN FISCHER

EIN JÄGER

EIN SOLDAT

EINE SEKRETÄRIN

EINE VOGELSCHEUCHE

EIN GESPENST

EIN GEFANGENER

EIN ENTFLOHENER

EINE AUSWANDERIN

EIN ENTDECKER

URLAUBER

EINE SCHWIMMERIN

EIN SURFER

EIN SCHIFFBRÜCHIGER

EIN MATROSE

EINE MEERJUNGFRAU

EIN UNTERWASSER- ARBEITER

EIN MUEZZIN

EIN TRÄUMER

EINE VERLIEBTE

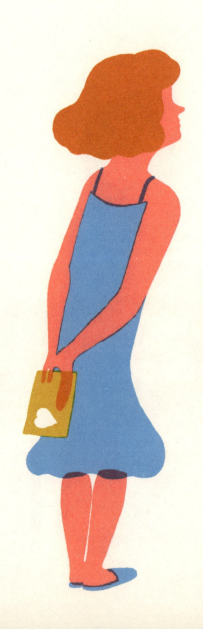

EIN EMIR ☾

EINE MARQUISE

EINE REISBÄUERIN

EIN COWBOY

EIN BLASROHR-JÄGER

EIN REPORTER

EIN RÄCHER

EINE NÄHERIN

EIN FAKIR

EIN KAISER

EIN BETTLER

EINE GÖTTIN

EIN WERWOLF

EIN RITTER

EIN ZENTAUR

EIN HYPNOTISEUR

EIN ZWERG

EIN DÄMON

EIN SCHNEEMANN

EINE MÄRCHENGESTALT

EIN BILD